AF500383

GÉOGRAPHIE

DU

PREMIER AGE.

Par le Citoyen LEFORTIER,

Chef d'École secondaire du département de la Seine.

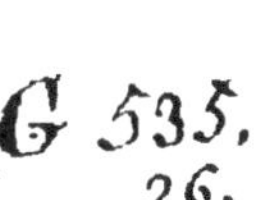

A PARIS,

Chez { L'AUTEUR, rue Geoffroy-l'Asnier, n°. 36, près celle Saint-Antoine.
GOSSET, Libraire, Palais du Tribunat, Galeries de bois, n°. 234.
MILLET, Imprimeur-Libraire, rue de la Tixéranderie, n°. 17.

AN XII. — (1803).

NOTIONS PRÉLIMINAIRES.

La Géographie est la description de la terre. — On entend par le terme général *Terre*, les deux parties dont le globe terrestre est composé ; je veux dire la terre *proprement dite* et l'eau.

Différentes parties de la Terre.

Un *continent* est une vaste étendue de terre qui n'est séparée ni interrompue par aucune mer.

Une *île* est une terre environnée d'eau de tous côtés.

Une *presqu'île* est une terre entourée d'eau à l'exception d'un côté par lequel une langue de terre la joint au continent.

Un *isthme* est une langue de terre qui joint la presqu'île au continent.

Un *cap* est une éminence de terre fort avancée dans la mer.

Différentes parties de l'Eau.

Une *mer* est une vaste étendue d'eau dont la communication n'est pas interceptée par des terres.

Un *lac* est une étendue d'eau entièrement entourée de terre.

Un *golfe* est une partie de mer qui communique dans les terres, et qui en est entourée, excepté le côté par lequel elle communique à la mer.

Un *détroit* est une langue d'eau qui joint une mer à une autre mer.

Les *fleuves* sont de grandes rivières dont les eaux vont se perdre dans la mer.

Le haut d'une carte représente le Nord ; le bas représente le Sud ; à la gauche est l'Ouest ou Couchant ; à la droite est l'Est ou Levant.

Nota. J'omets les détails qui passent la portée des enfans.

GÉOGRAPHIE
DU
PREMIER AGE.

LA terre se divise en deux continens connus, l'ancien et le nouveau : l'ancien comprend l'Europe, l'Asie et l'Afrique ; le nouveau comprend l'Amérique, découverte en 1492 par Christophe Colomb, gênois.

L'Europe, la plus petite, mais la plus intéressante des quatre parties du monde, est bornée au Nord par la mer glaciale arctique ; au Midi par la Méditerranée qui la sépare de l'Afrique ; au Levant par l'Asie, et au Couchant par l'Océan atlantique, qui la sépare de l'Amérique.

Les principaux états de l'Europe sont :

Au Nord : le Danemarck, la Suède, la Russie, et les Isles Britanniques ;

Au centre : les Provinces-Unies, la France, la Suisse, l'Allemagne, la Bohême, la Hongrie, la Prusse et la Pologne ;

Au Midi : le Portugal, l'Espagne, l'Italie et la Turquie-d'Europe.

Les Mers de l'Europe sont l'Océan Atlantique, ou Océan Occidental, la Mer Blanche, la Baltique, la Mer d'Azof, la Mer Noire, ainsi nommée parce qu'elle est orageuse; la Mer de Marmara, l'Archipel, et la Méditerranée.

Les principales îles de l'Europe sont, dans la Mer du Nord, les îles Britanniques et l'Islande.

Dans la Mer Baltique, Zeeland, Fionie, Falster, Langeland, Lalande, Femeren, Alsen, Mone, Bornhoml au Danemarck;

Gothland, Œland, Aland, Rugen, à la Suède;

Œsel, Dagho, à la Russie;

Usédom, Wollin, à la Prusse;

Dans la Méditerranée, Ivica, Majorque, Minorque, à l'Espagne; la Corse, à la France; la Sardaigne, au roi de Sardaigne; la Sicile, au roi de Naples; Malte, rendue aux chevaliers de Malte par les préliminaires de paix de la France avec l'Angleterre.

Dans la Mer Adriatique, Corfou, Sainte-Maure, Céphalonie, Zante, et Cérigo.

Dans l'Archipel, Candie, Négrepont,

Andro, Naxos, Paros, Milo, Syphanto, Stalymène, Métélin, Scio, Samos, Santorin, Rhodes, à la Turquie d'Europe.

Les principales montagnes de l'Europe sont les Dophrines, entre la Norwège et la Suède;

Les Pyrénées, entre la France et l'Espagne;

Les Alpes, entre la France, l'Allemagne et l'Italie;

L'Apennin, qui traverse l'Italie;

Les Monts Krapacks, entre la Pologne et la Hongrie;

Les Monts Poyas, qui séparent l'Europe de l'Asie;

Le Mont Hécla, en Islande;

Le Mont Etna, en Sicile, et le Mont Vésuve, dans le royaume de Naples.

EUROPE SEPTENTRIONALE.

DANEMARCK.

Le Danemarck comprend le Danemarck propre, la Norwège et l'Islande.

La capitale du Danemarck est Copenhague, sur la côte orientale de l'île de Zélande, à 240 lieues de Paris.

Les autres villes principales sont Elseneur, sur le détroit du Sund; Odensée, dans l'île de Funen, Alborg, Wiborg, Arusen, Ripen et Sleswick.

La capitale de la Norwège est Christiania, sur la baie d'Anslo : son port est assez commode et assez fréquenté.

Les autres villes principales sont Fridericstadt, place forte, et Berghen, avec un des plus beaux ports de l'Europe.

La capitale de l'Islande est Schalholt.

Les îles de Féro dépendent de l'Islande.

SUÈDE.

La capitale de la Suède est Stokholm, sur le lac Méler, à 380 lieues de Paris. Cette ville a un port vaste et sûr, qui pourroit contenir mille vaisseaux.

Les autres villes principales sont Upsal, dans l'Uplande, sur la Sala ; Calmar, en Gothie, et Abo, dans la Finlande. La principale rivière est la Torne, qui se perd dans la Baltique.

RUSSIE OU MOSCOVIE.

La capitale de la Russie est Saint-Pétersbourg, grande et belle ville très-commerçante à cause de sa situation dans plusieurs îles formées par la Newa. Elle est à 500 lieues de Paris.

Les autres villes principales sont Moscou, dans une plaine très-agréable; Archangel, sur la Dwina; Smolensko, sur la rive du Niéper; Riga, sur la Dwina; Novogorod, sur la rivière de Wolchowa; Rezan, sur l'Occa, et Nisi-Novogorod, près du confluent de l'Occa et du Volga.

Les principales rivières de la Russie sont les deux Dwina, le Dniéper, le Don et le Volga.

Iles Britanniques.

Les îles Britanniques comprennent l'Angleterre, l'Ecosse et l'Irlande.

Londres, sur la Tamise, l'une des plus grandes, des plus riches et des plus florissantes villes du monde, est la capitale de tout le royaume; elle est à 98 lieues de Paris. On y remarque sur-tout l'abbaye de Westminster, l'église de Saint-Paul, la Bourse et la Tour.

Les autres villes principales sont Yorck, Cantorbéry, Bristol, Bath, Portsmouth, Plymouth, Cambridge et Douvres.

Les principales rivières sont la Tamise, la Saverne, le Medway, la Trente, et l'Humber.

Les principales îles sont Man, Anglesey, Wight, Jersey, Guernesey, et les Sorlingues.

La capitale de l'Ecosse est Édimbourg, à 180 lieues de Paris, dans un terrain agréable et fertile.

Les autres villes principales sont Glascow, sur la Clyde, New-Aberdeen, et Saint-André.

Les principales rivières sont le Tay, la Spey, la Clyde, et le Nith.

Lesîles qui tiennent à l'Ecosse, sont les Westernes, les Orcades, et les Schetlands.

La capitale de l'Irlande est Dublin, ville riche et bien peuplée, sur la rivière de Liffey, à 178 lieues de Paris.

Les autres villes principales sont Armach, Cashel, Gallonay, Watterfort et Limmerick.

Le Shannon est la principale rivière de l'Irlande.

EUROPE CENTRALE.

Provinces-Unies.

La république Batave se divise en huit départemens :

1o. Le chef-lieu du département du Texel est Alcmaer, qui communique avec Hoorn par un beau canal.

2°. Le chef-lieu du département de l'Amstel est Amsterdam, dans une assiette marécageuse. Les canaux partagent cette ville en une infinité d'îles qui se communiquent par des ponts de pierre ou de bois.

3°. Le chef-lieu du département de la Delft est Delft, sur la Schie, entrecoupée de canaux. Les autres villes fortes de ce département sont Rotterdam sur la Meuse, Leyde, sur le Rhin, et la Haye, célèbre par la magnificence de ses bâtimens.

4°. Le chef-lieu du département de l'Escaut-et-Meuse est Middelbourg, capitale de l'île de Walcheren.

5°. Le chef-lieu du département du Dommel est Bois-le-Duc, sur le Dommel, ville grande, belle et forte.

6°. Le chef-lieu du département du Rhin est Arnheim, jolie et forte ville sur la rive droite du Rhin.

7°. Le chef-lieu du département du Vieux Yssel est Zwol, sur les rivières d'Aa et d'Yssel.

8°. Le chef-lieu du département de l'Ems est Leuwarden, grande ville bien peuplée et entrecoupée de canaux qui facilitent son commerce.

Les principales rivières des Provinces-Unies sont le Rhin, la Meuse, la Scheldt et la Vecht.

FRANCE.

La France est l'état le mieux disposé pour le commerce. L'Océan la baigne d'un côté et la Méditerranée de l'autre. Elle compte plus de six mille rivières, et plusieurs canaux considérables, qui facilitent l'exportation de ses marchandises.

L'air de la France est pur, sain et tempéré; son sol fertile et délicieux abonde en grains, légumes, fruits, vins, &c. mines de fer, de cuivre, &c. et ses nombreuses manufactures en tout genre attestent l'industrie et l'activité du peuple qui l'habite.

La France se divise en 120 départemens, savoir : 20 au Levant, 28 au Midi, 17 au Couchant, 23 au Nord, 18 au Centre, et 14 départemens maritimes.

Départemens du Levant ou Est.

Bas-Rhin.
Meurthe.
Meuse.
Marne.
Aube.
Haute-Marne.

Vosges.	Rhône.
Haut-Rhin.	Ain.
Haute-Saône.	Isère.
Côte-d'Or.	Mont-Blanc.
Doubs.	Léman.
Jura.	Doire.
Saône-et-Loire.	Sésia.

BAS-RHIN.

Le chef-lieu de préfecture du département du Bas-Rhin est Strasbourg, sur l'Ill, près du Rhin, l'une des plus considérables villes de France, à 116 lieues de Paris.

Les chefs-lieux de sous-préfectures sont Barr, Saverne, sur la Sort, et Weissembourg, sur la Lauter.

MEURTHE.

Le chef-lieu de préfecture du département de la Meurthe est Nancy, sur la Meurthe, à 83 lieues de Paris.

Les chefs-lieux de sous-préfectures sont Chateau-Salins, remarquable par ses salines, Lunéville, sur la Vezoule et la Meurthe, Sarbourg, sur la Sarre, et Toul, sur la Moselle.

MEUSE.

Le chef-lieu de préfecture du département de la Meuse est Bar-sur-Ornain, à 62 lieues de Paris.

Les chefs-lieux de sous-préfectures sont Commercy, sur la Meuse, Mont-Medi, sur le Chier, et Verdun, sur la Meuse.

MARNE.

Le chef-lieu de préfecture du département de la Marne est Châlons-sur-Marne, à 41 lieues de Paris.

Les chefs-lieux de sous-préfectures sont Épernay, sur la Marne, Sainte-Menehould, sur l'Aisne, Reims, sur la Vesle, et Vitry-sur-Marne.

AUBE.

Le chef-lieu de préfecture du département de l'Aube est Troyes sur la Seine, à 38 lieues de Paris.

Les chefs-lieux de sous-préfectures sont Arcis-sur-Aube, Bar-sur-Aube, Bar-sur-Seine, Nogent-sur-Seine.

HAUTE-MARNE.

Le chef-lieu de préfecture du département de la Haute-Marne est Chaumont, sur une montagne près de la Marne, à 59 lieues de Paris.

Les chefs-lieux de sous-préfectures sont Langres, sur une montagne élevée, d'où sortent la Marne, la Meuse et la Vingeanne, et Vassy, sur la Blaise.

VOSGES.

Le chef-lieu de préfecture du département des Vosges est Épinal, sur la Moselle, à 90 lieues de Paris.

Les chefs-lieux de sous-préfectures sont Mirecourt, sur le Modon, Neuf-Château, sur le Mouzon, Remiremont, au pied des Vosges, et Saint-Dié sur la Meurthe.

HAUT-RHIN.

Le chef-lieu de préfecture du département du Haut-Rhin est Colmar, près de l'Ill, à 116 lieues de Paris.

Les chefs-lieux de sous-préfectures sont : Altkirck, Béfort, Delemont, et Porentruy. Cette dernière ville est sur la Halle.

HAUTE-SAÔNE.

Le chef-lieu de préfecture du département de la Haute-Saône est Vesoul, près du Durgeon, à 85 lieues de Paris.

Les chefs-lieux de sous-préfectures sont Gray, sur la Saône, et Lure.

CÔTE-D'OR.

Le chef-lieu de préfecture du département de la Côte-d'Or est Dijon, grande ville, à 73 lieues de Paris.

Les chefs-lieux de sous-préfectures sont Beaune, célèbre par ses vins, Chatillon-sur-Seine, et Sémur.

DOUBS.

Le chef-lieu de préfecture du département du Doubs est Besançon, belle et grande ville, à 83 lieues de Paris.

Les chefs-lieux de sous-préfectures sont Baumes, sur le Doubs, Pontarlier, sur le Doubs, et Saint-Hippolyte, sur la Dessoubre et le Doubs.

JURA.

Le chef-lieu de préfecture du département du Jura est Lons-le-Saulnier, sur le Solvan, à 98 lieues de Paris.

Les chefs-lieux de sous-préfectures sont Dôle, sur le Doubs, Poligny, sur un ruisseau, et Saint-Claude, sur le Lison.

SAÔNE-ET-LOIRE.

Le chef-lieu de préfecture du départtement de Saône-et-Loire, est Mâcon, sur la Saône, à 97 lieues de Paris.

Les chefs-lieux de sous-préfectures sont Autun, sur l'Arroux, Chalons-sur-Saône, Charolles, sur la Ressouse, et Louhans, dans une espèce d'île, entre les rivières de Seilles, du Salle et du Solnan.

Le canal de Charolles, qui part de Digoin, sur la Loire, joint la Saône à Châlons, et fait du département de Saône-et-Loire un point de réunion entre l'Océan Atlantique et la Méditerranée.

RHÔNE.

Le chef-lieu de préfecture du département du Rhône est Lyon, au confluent du Rhône et de la Saône, à 111 lieues de Paris, avec commissariat général de police.

Le chef-lieu de préfecture est Ville-Franche, sur le Morgon.

AIN.

Le chef-lieu de préfecture du département de l'Ain est Bourg, sur la Ressouse, à 105 lieues de Paris.

Les chefs-lieux de sous-préfectures sont Belley, près du Rhône, Nantua, sur le lac de même nom, et Trévoux, sur la Saône.

ISÈRE.

Le chef-lieu de préfecture du département de l'Isère est Grenoble, belle ville sur l'Isère, à 138 lieues de Paris.

Les chefs-lieux de sous-préfectures sont Latour-du-Pin, sur la rivière de même nom; Saint-Marcellin, et Vienne, ville considérable sur le Rhône.

MONT-BLANC.

Le chef-lieu de préfecture du département du Mont-Blanc est Chambéry, sur l'Aisse et l'Albans, à 129 lieues de Paris.

Les chefs-lieux de sous-préfectures sont Annecy, sur la Sier; Moutiers, sur l'Isère, et Saint-Jean-de-Maurienne, sur l'Arve. — Ce département a été réuni à la France le 27 novembre 1792.

LÉMAN.

Le chef-lieu de préfecture du département du Léman est Genève, sur le lac Léman et le Rhône, à 145 lieues de Paris.

Les chefs-lieux de sous-préfectures sont Bonneville, près de l'Arve, et Thonon, sur le lac de Genève. Réunion de Genève à la France, le 26 avril 1798.

DOIRE.

Le chef-lieu de préfecture du département de la Doire est Yvrée, sur la Doria, entre deux collines, à 160 lieues de Paris.

Les chefs-lieux de sous-préfectures sont Aoste, sur la Doria, et Chivasso, près du Pô. Réunion du Piémont à la France, le 2 juillet 1802.

SÉSIA.

Le chef-lieu de préfecture du département de la Sésia est Verceil, ville considérable au confluent de la Sésia et de la Cerva, à 170 lieues de Paris.

Les chefs-lieux de sous-préfectures sont Biella, près de la Cerva, et Sauthia, près du canal d'Yvrée à Verceil.

Départemens du Midi.

Maringo.	Lozère.
Tanaro.	Aveiron.
Pô.	Tarn.
Stura.	Aude.
Hautes-Alpes.	Pyrénées orien.
Basses-Alpes.	Arriège.
Alpes maritimes.	Haute-Garonne.
Var.	Lot.
Bouch. du Rhône.	Lot-et-Garonne.
Vaucluse.	Gers.
Drome.	Haut. Pyrénées.
Ardèche.	Bas. Pyrénées.
Gard.	Landes.
Hérault.	Gironde.

MARINGO.

Le chef-lieu de préfecture du département de Maringo est Alexandrie, sur le Tanaro, à 175 lieues de Paris. Ce département doit son nom au village de Maringo, près d'Alexandrie, célèbre par la victoire complette que le premier consul Bonaparte remporta sur les Impériaux le 14 juin 1800 (25 prairial an 8).

Les chefs-lieux de sous-préfectures sont Bobbio, sur la Trébia; Casal, sur le Pô; Tortone, sur la Scrivia, et Voguere, sur la Staffora.

TANARO.

Le chef-lieu de préfecture du département du Tanaro est Asti, sur le Tanaro, à 158 lieues de Paris.

Les chefs-lieux de sous-préfectures sont Albe, sur le Tanaro, prise le 3 floréal an 4 (22 avril 1796), et Acqui, sur la Bormida. On trouve encore dans ce département Dégo, où Bonaparte battit les Autrichiens du 23 au 27 germinal an 4.

PÔ.

Le chef-lieu de préfecture du département du Pô est Turin, au confluent de la Doria et du Pô, à 167 lieues de Paris.

Les chefs-lieux de sous-préfectures sont Pignerol, sur la Chiuson, et Suze, sur la Doria.

STURA.

Le chef-lieu de préfecture du département de la Stura est Coni, au confluent de la Gesse et de la Stura, à 180 lieues de Paris.

Les chefs-lieux de sous-préfectures sont Mondovi, près de l'Elero, remarquable par la victoire remportée par Bonaparte, le 3 floréal an 4, 22 avril 1796; Saluces près du Pô, et Savigliano, avantageusement située sur la Maira. On trouve dans ce département, Céva, prise par Bonaparte, du 23 au 27 germinal an 4; Bène, Fossano, et Cherasco, prises le 3 floréal suivant.

HAUTES-ALPES.

Le chef-lieu de préfecture du département des Hautes-Alpes est Gap, au pied d'une montagne, à 152 lieues de Paris.

Les chefs-lieux de sous-préfectures sont Briançon, sur la Durance, avec un château sur un roc escarpé, et Embrun, sur un rocher escárpé, près de la Durance.

Basses-Alpes.

Le chef-lieu de préfecture du département des Basses-Alpes est Digne, belle ville renommée par ses bains purgatifs, à 174 lieues de Paris, sur la Bléone.

Les chefs-lieux de sous-préfectures sont Barcelonnette, petite ville, Castellane sur le Verdon, Forcalquier, sur une montagne, et Sisteron sur la Durance.

Alpes-Maritimes.

Le chef-lieu de préfecture du département des Alpes-Maritimes est Nice, belle ville à une lieue de l'embouchure du Var, à 236 lieues de Paris. Elle fut prise par les Français, le 28 septembre 1792.

Les chefs-lieux de sous-préfectures sont Monaco, sur un rocher qui s'étend dans la mer (réunie à la France par décret du 14 septembre 1793), et le Puget-Théniers sur le bord du Var.

Les autres villes remarquables de ce département sont Oneille, port de mer, prise par les Français en 1792; Tende sur la Roja, et Ville-Franche, Port, prise par les Français le 30 septembre 1792.

Var.

Le chef-lieu de préfecture du départtement du Var est Toulon, à 207 lieues de Paris. Le port de cette ville est un des plus vastes et des meilleurs de l'Europe. On y voit un magnifique arsenal, muni de tout ce qui est nécessaire pour la construction et l'équipement des vaisseaux.

Les chefs-lieux de sous-préfectures sont Brignoles, entre des montagnes, Draguignan sur la Pis, et Grasse sur une hauteur.

Le département du Var comprend les îles d'Hières, et celles de Lérins. Les îles d'Hières sont au nombre de trois; on les appelle Porquerolles, Port-Crotz, et l'île du Titan.

Les îles Lérins sont au nombre de deux; on les appelle Sainte-Marguerite et Saint-Honorat.

BOUCHES-DU-RHÔNE.

Le chef-lieu de préfecture du département des Bouches-du-Rhône est Marseille, située au fond d'un golfe couvert et défendu par plusieurs îles. Son port est un des plus vastes et des plus sûrs de la Méditerranée. Elle est à 198 l. de Paris.

Les chefs-lieux de sous-préfectures sont Aix, dans une grande plaine près de l'Arc, et Tarascon, sur le Rhône.

VAUCLUSE.

Le chef-lieu du département de Vaucluse est Avignon, sur le Rhône, à 171 lieues de Paris. Elle a été réunie à la France en 1791.

On trouve à trois lieues d'Avignon la superbe fontaine de Vaucluse.

Les chefs-lieux de sous préfectures sont Orange, dans une belle plaine ; Carpentras, sur l'Auson, et Apt, sur le Calaron.

DROME.

Le chef-lieu de préfecture du département de la Drome est Valence, sur le Rhône, à 138 lieues de Paris.

Les chefs-lieux de sous-préfectures sont Die, sur la Drome ; Montelimart, dans une plaine fertile, et Nyons, bourg sur l'Eygnes.

ARDÈCHE.

Le chef-lieu de préfecture du département de l'Ardèche est Privas, petite ville près de la jonction de trois petites rivières, à 151 lieues de Paris.

Les chefs-lieux de sous-préfectures sont Tournon, sur le Rhône, et Argentière.

GARD.

Le chef-lieu de préfecture du département du Gard est Nismes, dans une plaine délicieuse et fertile, à 175 lieues de Paris.

Les chefs-lieux de sous-préfectures sont Alais, sur le Gardon; Uzès et le Vigan.

HÉRAULT.

Le chef-lieu de préfecture du département de l'Hérault est Montpellier, l'une des plus belles villes de France, sur le Merdanson, qui passe dans plusieurs endroits de la ville par des canaux souterrains. Elle est à 186 lieues de Paris.

Les chefs-lieux de sous-préfectures sont Lodève, sur la Lergue; Béziers, sur une colline près de l'Orbe, et Saint-Pons-de-Tomiers, petite ville.

LOZÈRE.

Le chef-lieu de préfecture du département de la Lozère est Mende, petite ville sur le Lot, à 150 lieues de Paris.

Les chefs-lieux de sous-préfectures sont Marvejols, sur la Colange, et Florac, près du Tarn.

AVEIRON.

Le chef-lieu de préfecture du département de l'Aveiron est Rhodès, sur l'Aveiron, à 141 lieues de Paris.

Les chefs-lieux de sous-préfectures sont Espalion, sur le Lot; Milhaud, sur le Tarn; Saint-Afrique et Villefranche, sur l'Aveiron.

TARN.

Le chef-lieu de préfecture du département du Tarn est Albi, à 168 lieues de Paris.

Les chefs-lieux de sous-préfectures sont Gaillac, sur le Tarn, Castres et Lavaur, sur l'Agout.

AUDE.

Le chef-lieu de préfecture du département de l'Aude est Carcassonne, à 191 lieues de Paris.

Les chefs-lieux de sous-préfectures sont Castelnaudary, sur une éminence, près du canal de Languedoc; Narbonne, sur le canal tiré de l'Aude, et Limoux.

PYRÉNÉES-ORIENTALES.

Le chef-lieu de préfecture du département des Pyrénées-Orientales est Perpignan, sur le Tet, à 221 lieues de Paris.

Les chefs-lieux de sous-préfectures sont Céret et Prades, petites villes.

ARRIÈGE.

Le chef-lieu de préfecture du département de l'Arriège est Foix, sur l'Arriège, à 181 lieues de Paris.

Les chefs-lieux de sous-préfectures sont Pamiers, sur l'Arriège, et Saint-Girons, sur la Salat.

HAUTE-GARONNE.

Le chef-lieu de préfecture du département de la Haute-Garonne est Toulouse, sur la Garonne, à 169 lieues de Paris.

Les chefs-lieux de sous-préfectures sont Castel-Sarrazin et Villefranche, qui n'ont rien de remarquable; Muret et Saint-Gaudens, toutes deux sur la Garonne.

LOT.

Le chef-lieu de préfecture du département du Lot est Cahors, sur le Lot qui l'environne presque de tous côtés, à 142 lieues de Paris.

Les chefs-lieux de sous-préfectures sont Figeac, sur la Selle; Gourdon, sur la Sor, et Montauban, sur le Tarn.

LOT-ET-GARONNE.

Le chef-lieu de préfecture du département de Lot-et-Garonne est Agen, sur la rive droite de la Garonne, à 156 lieues de Paris.

Les chefs-lieux de sous-préfectures sont Marmande, sur la Garonne; Nérac, sur la Blaise, et Villeneuve, sur le Lot.

GERS.

Le chef-lieu de préfecture du département du Gers est Auch, sur une montagne près du Gers, à 187 lieues de Paris.

Les chefs-lieux de sous-préfectures sont Condom, ville pauvre, sur la Baise; Lectoure, sur une montagne près du Gers; Lombez, sur la Save, et Mirande, sur une montagne près de la Baise.

HAUTES-PYRÉNÉES.

Le chef-lieu de préfecture du département des Hautes-Pyrénées est Tarbes, sur l'Adour, à 202 lieues de Paris.

Les chefs-lieux de sous-préfectures sont Argellez, sur le Gave-de-Pau, et Bagnères, sur l'Adour.

BASSES-PYRÉNÉES.

Le chef-lieu de préfecture du département des Basses-Pyrénées est Pau, sur le-Gave-de-Pau, à 212 lieues de Paris.

Les chefs-lieux de sous-préfectures sont

Oleron, sur le Gave-de-Pau, Bayonne, sur la Nive et l'Adour, à une lieue de la mer, et Orthez, sur le Gave-de-Pau, et Mauléon.

LANDES.

Le chef-lieu de préfecture du département des Landes est Mont-de Marsan, sur la Midouze, à 187 lieues de Paris.

Les chef-lieux de sous-préfectures sont Saint-Sever et Dax, toutes deux sur l'Adour.

GIRONDE.

Le chef-lieu de préfecture du département de la Gironde est Bordeaux, l'une des quatre principales villes de France, avec préfecture de police. Elle est sur la Garonne, à 152 lieues de Paris.

Les chefs-lieux de sous-préfectures sont Blaye, sur la Gironde; Libourne, sur la Dordogne; la Réolle, sur la Garonne; Bazas, sur un rocher, et Lespare.

Départemens de l'Ouest.

Dordogne.	Deux-Sèvres.
Haute-Vienne.	Vienne.
Charente.	Indre et Loire.
Charente-inféri.	Sarthe.
Vendée.	Orne.
Mayenne.	Morbihan.

Maine-et-Loire.
Loire-inférieure.
Ille-et-Vilaine.
Finistère.
Côtes-du-Nord.

DORDOGNE.

Le chef-lieu de préfecture du département de la Dordogne est Périgueux, sur l'Isle, à 116 lieues de Paris.

Les chefs-lieux de sous-préfectures sont Nontron, gros bourg sur le Bandiat; Sarlat, ville pauvre; Bergerac, ville riche, sur la Dordogne, et Riberac.

HAUTE-VIENNE.

Le chef-lieu de préfecture du département de la Haute-Vienne est Limoges, sur la Vienne, à 95 lieues de Paris.

Les chefs-lieux de sous-préfectures sont Bellac, sur la rivière de Vinçon; Rochechouart, sur la pente d'une montagne, et Saint-Yriez, sur l'Isle.

Les autres villes remarquables de ce département sont Chalus, remarquable par la foire aux chevaux qui s'y tient le jour de Saint-Georges, et Saint-Léonard, sur la Vienne, avec plusieurs manufactures considérables de papier.

CHARENTE.

Le chef-lieu de préfecture du département de la Charente est Angoulême, sur le sommet d'une montagne, à 128 lieues lieues de Paris.

Les chefs-lieux de sous-préfectures sont Barbezieux, Cognac, Conflens et Ruffec, petites villes qui n'ont rien de remarquable.

CHARENTE-INFÉRIEURE.

Le chef-lieu de préfecture du département de la Charente-inférieure est Saintes, sur une éminence et sur la Charente, à 122 lieues de Paris.

Les chefs-lieux de sous-préfectures sont Jonsac, près de la Sévigne; Marennes, près de la mer; la Rochelle, sur l'Océan; Rochefort, sur la Charente, et Saint-Jean-d'Angely, sur la Boutonne.

Les îles d'Aix, d'Oleron et de Ré sont de ce département.

VENDÉE.

Le chef-lieu de préfecture du département de la Vendée est Fontenay, sur la Vendée, à 108 lieues de Paris.

Les chefs-lieux de sous-préfectures sont Montaigu et les Sables-d'Olonne.

L'Ile-Dieu est de ce département.

DEUX-SÈVRES.

Le chef-lieu de préfecture du départementment des Deux-Sèvres est Niort, sur la Sèvres, à 105 lieues de Paris.

Les chefs-lieux de sous-préfectures sont Melle, Partenay, sur la Thoué, et Thouars, ville considérable, sur une colline.

VIENNE.

Le chef-lieu de préfecture du département de la Vienne est Poitiers, ville considérable, sur le Clain, à 87 lieues de Paris.

Les chefs-lieux de sous-préfectures sont Chatellerault, sur la Vienne ; Civray, sur la Charente ; Loudun, sur une montagne, et Montmorillon, sur la Gartempe.

INDRE-ET-LOIRE.

Le chef-lieu de préfecture du département d'Indre-et-Loire est Tours, ville considérable, dans une belle plaine, entre la Loire et le Cher, à 57 lieues de Paris.

Les chefs-lieux de sous-préfectures sont Chinon, sur la Vienne, et Loches, sur l'Indre, auprès d'une forêt.

SARTHE.

Le chef-lieu de préfecture du département de la Sarthe est le Mans, sur une colline près de la Sarthe, à 45 lieues de Paris.

Les chefs-lieux de sous-prefectures sont la Flêche, sur le Loir; Mamers, sur la Dive, et Saint-Calais.

ORNE.

Le chef-lieu de préfecture du département de l'Orne est Alençon, sur la Sarthe, à 43 lieues de Paris.

Les chefs-lieux de sous-préfectures sont Argentan, sur une hauteur, près de l'Orne; Domfront, sur une montagne, et Mortagne.

MAYENNE.

Le chef-lieu de préfecture du département de la Mayenne est Laval, sur la rive droite de la Mayenne, à 64 lieues de Paris.

Les chefs-lieux de sous-préfectures sont Châteaugontier, sur la Mayenne, et Mayenne, sur la Mayenne.

MAINE-ET-LOIRE.

Le chef-lieu de préfecture du département de Maine-et-Loire est Angers, sur la Mayenne, à 67 lieues de Paris.

Les chefs-lieux de sous-préfectures sont Beaugé, sur le Coesnon; Beaupréau, sur l'Eure; Saumur, sur la Loire, et Segré, sur l'Oudon.

Loire-Inférieure.

Le chef-lieu de préfecture du département de la Loire-Inférieure est Nantes, sur la Loire, à 86 lieues de Paris; siége d'un commissariat général de police; l'une des plus commerçantes villes de France.

Les chefs-lieux de sous-préfectures sont Ancenis, sur la Loire; Château-Briant; Paimbœuf, sur la Loire, port de mer, et Savenay. L'île de Noirmoutier, sur les côtes du Poitou, est de ce département.

Ille-et-Vilaine.

Le chef-lieu de préfecture du département d'Ille-et-Vilaine est Rennes, sur la Vilaine, à 83 lieues de Paris.

Les chefs-lieux de sous-préfectures sont Fougères, sur le Couesnon; Montfort, sur le Men; Redon, sur la Vilaine; Saint-Malo, port, dans une île qu'on a jointe à la terre ferme par une chaussée, et Vitré, sur la Vilaine.

Morbihan.

Le chef-lieu de préfecture du département du Morbihan est Vannes, à une lieue de la mer, avec laquelle elle communique par le canal du Morbihan, à 108 lieues de Paris.

Les chefs - lieux de sous - préfectures sont l'Orient, chef-lieu de préfecture maritime ; Ploermel, près de la rivière d'Ouste, et Pontivy, sur le Blavet. Belle-Ile et Quiberon sont de ce département.

FINISTÈRE.

Le chef-lieu de préfecture du département du Finistère est Quimper, sur l'Oder, à 133 lieues de Paris.

Les chefs - lieux de sous préfectures sont Brest, chef-lieu de préfecture maritime, et un des meilleurs ports de la France ; Châteaulin, sur l'Auzon ; Morlaix, à deux lieues de la mer, et Quimperlé, sur l'Isotte. L'île d'Ouessant, sur les côtes de Brest, est de ce département.

CÔTES-DU-NORD.

Le chef-lieu de préfecture du département des Côtes-du-Nord est Saint-Brieux, près de la mer, à 108 lieues de Paris.

Les chefs - lieux de sous - préfectures sont Dinan, sur la Rance ; Guingamp, Lannion et Loudeac.

Départemens du Nord.

Nord.	Mont-Tonnerre.
Manche.	Rhin-et-Moselle.
Calvados.	Roër.

Seine-Inférieure.
Oise.
Somme.
Pas-de-Calais.
Aisne.
Ardennes.
Forêts.
Moselle.
Sarre.
Meuse-Inférieure.
Ourthe.
Sambre-et-Meuse.
Gemmapes.
Lys.
Escaut.
Dyle.
Deux-Nethes.

NORD.

Le chef-lieu de préfecture du département du Nord est Douay, sur la Deule, à 49 lieues de Paris.

Les chefs-lieux de sous-préfectures sont Bergues, sur la Colme; Cambray, sur l'Escaut; Hazebrouck, et Lille grande et forte ville sur la Deule et la Lys.

MANCHE.

Le chef-lieu de préfecture du département de la Manche est Saint-Lô, sur la Vire, à 68 lieues de Paris.

Les chefs-lieux de sous-préfectures sont Avranches, sur la Sprée, à une demi-lieue de la mer; Coutances, près de la mer; Mortain, sur la Lances, et Valogne, sur un ruisseau, à 3 lieues de la mer.

Sur la côte de Normandie, entre le Way et la Hougue, sont les îles d'Hamont et d'Aval, connues sous le nom d'îles de Saint-Marcou.

CALVADOS.

Le chef-lieu de préfecture du département du Calvados est Caën, entre deux belles prairies, sur l'Orne et l'Odon, à 50 lieues de Paris.

Les chefs-lieux de sous-préfectures sont Bayeux, sur l'Aure, à deux lieues de la mer, Falaise, sur l'Auté; Lisieux, au confluent de la Touque et de l'Orbec; Pont-l'Évêque, sur la Touque, et Vire, sur la Vire.

SEINE-INFÉRIEURE.

Le chef-lieu de préfecture du département de la Seine-Inférieure est Rouen, sur la Seine, à 30 lieues de Paris.

Les chefs-lieux de sous-préfectures sont Dieppe, à l'embouchure de la Béthune; le Hâvre, à l'embouchure de la Seine; Neuf-Chatel, sur l'Arques, et Yvetot, gros bourg.

OISE.

Le chef-lieu du département de l'Oise est Beauvais, sur le Thérain, à 16 lieues de Paris.

Les chefs - lieux de sous - préfectures sont Clermont, près de la Bresche ; Compiegne, sur l'Oise, et Senlis, sur la Nonette.

SOMME.

Le chef - lieu de préfecture du département de la Somme est Amiens, belle ville, à 31 lieues de Paris.

Les chefs - lieux de sous - préfectures sont Abbeville, sur la Somme ; Doulens, sur l'Authie ; Mont-didier, sur une hauteur, et Péronne, sur la Somme.

PAS-DE-CALAIS.

Le chef-lieu de préfecture du département du Pas-de-Calais est Arras, sur la Scarpe, à 44 lieues de Paris.

Les chefs - lieux de sous - préfectures sont Béthune, sur la Brette; Boulogne-sur-mer, à l'embouchure de la Liane ; Montreuil, près de la Canche, à trois lieues de la mer ; Saint-Omer, sur l'Aa, et Saint-Pol.

AISNE.

Le chef-lieu de préfecture du département de l'Aisne est Laon, sur une montagne, à 33 lieues de Paris.

Les chefs - lieux de sous - préfectures

sont Château-Thierry, sur la Marne; Saint-Quentin, sur la Somme, Soissons, sur l'Aisne, et Vervins, sur la Serre.

ARDENNES.

Le chef-lieu de préfecture du département des Ardennes est Mézières, sur la Meuse, en partie sur une colline, à 56 lieues de Paris.

Les chefs-lieu de sous-préfectures sont Réthel, près de l'Aisne, sur une montagne; Rocroi, à deux lieues de la Meuse, Sédan, sur la Meuse et Vouzières, bourg.

FORÊTS.

Le chef-lieu de préfecture du département des Forêts est Luxembourg, sur l'Elze, à 91 lieues de Paris, prise le 12 juin 1792.

Les chefs-lieux de sous-préfectures sont Bitbourg, Dieckirch et Neuf-Château, qui n'ont rien de remarquable.

MOSELLE.

Le chef-lieu de préfecture du département de la Moselle est Metz, au confluent de la Moselle et de la Seille, à 76 lieues de Paris.

Les chefs-lieux de sous-préfectures sont Briey, près de la Mance; Sarguemines, sur la Sarre, et Thionville, sur la Moselle.

SARRE.

Le chef-lieu de préfecture du département de la Sarre est Trèves, sur la Moselle, à 49 lieues de Paris.

Les chefs-lieux de sous-préfectures sont Birkenfeld, sur la gauche du Rhin, près de la Nahe; Pruym, sur la Pruym, et Sarrebruck, sur la Sarre.

MONT-TONNERRE.

Le chef-lieu de préfecture du département du Mont-Tonnerre est Mayence, sur la rive gauche du Rhin, vers l'endroit où il reçoit le Mein, à 120 lieues de Paris.

Les chefs-lieux de sous-préfectures sont Deux-Ponts, sur la Schwolbe, Kayserslautern, sur la Lauter, et Spire, au confluent du Rhin et de la Spitbach.

RHIN-ET-MOSELLE.

Le chef-lieu de préfecture du département de Rhin-et-Moselle est Coblentz, à 116 lieues de Paris.

Les chefs-lieux de sous-préfectures sont Bonn, sur le Rhin, et Simmeren sur le Simmeren.

Roer.

Le chef-lieu de préfecture du département de la Roër est Aix-la-Chapelle, dans un fond, à 80 lieues de Paris.

Les chefs-lieux de sous-préfectures sont Cleves, sur un ruisseau qui se jette dans le Rhin; Cologne, sur le Rhin, et Crevelt.

Meuse-Inférieure.

Le chef-lieu de préfecture du département de la Meuse-Inférieure est Mastricht, sur la rive gauche de la Meuse, à 94 lieues de Paris. Cette ville fut prise par les Français le 14 brumaire an 3, (4 novembre 1794,) et cédée par le traité de paix du 27 floréal, (7 mai 1795.)

Les chefs-lieux de sous-préfectures sont Hasselt, sur le Demer, et Ruremonde, au confluent de la Roër et de la Meuse.

Ourthe.

Le chef-lieu de préfecture du département de l'Ourthe est Liège, dans une vallée sur la Meuse, à 88 lieues de Paris. La réunion de la Belgique et du pays de Liège, fut décrétée le 9 vendémiaire an 4, (1er. octobre 1795.)

Les chefs lieux de sous-préfectures sont Huy, sur la Meuse, et Malmedy, sur la Recht. Le village de Nerwinden est célèbre par la bataille du 18 mars 1793.

SAMBRE-ET-MEUSE.

Le chef-lieu de préfecture du département de Sambre-et-Meuse est Namur, entre deux montagnes, au confluent de la Sambre et de la Meuse, à 60 lieues de Paris.

Les chefs-lieux de sous-préfectures sont Dinant, près de la Meuse; Marche, et Saint-Hubert. On trouve dans ce département, le village de Fleurus, célèbre par la bataille remportée par Jourdan, le 8 Messidor an 2 (26 juin 1794.)

JEMMAPE.

Le chef-lieu de préfecture du département de Jemmape est Mons, grande ville sur la Trouille, à 57 lieues de Paris. Dumourier gagna la bataille le 6 novembre 1792; le 7 les Français entrèrent dans Mons.

Les chefs-lieux de sous-préfectures sont Charleroy, sur la Sambre, et le Piéton, et Tournay, ville forte sur l'Escaut.

Lys.

Le chef-lieu de préfecture du département de la Lys est Bruges, sur le canal de Gand à Ostende, dans une belle plaine, à 67 lieues de Paris.

Les chefs-lieux de sous-préfectures sont Courtray, sur la Lys; Furnes, près de la mer, sur le canal de Bruges à Dunkerque, et Ypres sur le ruisseau d'Yper. On trouve dans ce département la petite ville d'Honzcoot, célèbre par la défaite du Duc d'York, le 8 septembre 1793. Le blocus de Bergue et de Dunkerque, fut levé le même jour.

Escaut.

Le chef-lieu de préfecture du département de l'Escaut est Gand, au confluent de l'Escaut, de la Lys, de la Lievre, et de la Meuse, qui, avec ses différens canaux, la coupent en 26 îles; elle est à 70 lieues de Paris.

Les chefs-lieux de sous-préfectures sont Dendermonde, au confluent de la Dendre et de l'Escaut, l'Écluse, près de la mer, et Oudenarde, sur l'Escaut.

Dyle.

Le chef-lieu de préfecture du département de la Dyle est Bruxelles, sur la Senne, à 69 lieues de Paris, et à 9 d'Anvers, avec laquelle elle communique par un canal.

Les chefs-lieux de sous-préfectures sont Louvain, sur la Dyle, et Nivelle, près de la Thienne.

DEUX-NÈTHES.

Le chef-lieu de préfecture du département des Deux-Nèthes est Anvers, sur l'Escaut, à 78 lieues de Paris. Elle communique avec Bruxelles par un canal.

Les chefs-lieux de sous-préfectures sont Malines, sur la Dyle, et Turnhout.

Départemens du Centre.

Eure.
Seine.
Seine-et-Oise.
Eure-et-Loir.
Loir-et-Cher.
Loiret.
Seine-et-Marne.
Yonne.
Nièvre.
Cher.
Indre.
Creuse.
Allier,
Loire.
Puy-de-Dôme.
Correze.
Cantal.
Haute-Loire.

EURE.

Le chef-lieu de préfecture du département de l'Eure est Évreux, sur l'Yton, à 25 lieues de Paris.

Les chefs-lieux de sous-préfectures sont les Andelys, sur le ruisseau de Gambon; Bernay, sur la Carantone; Louviers, sur l'Eure, et Poutaudemer, sur la Rill.

SEINE.

Le chef-lieu de préfecture du département de la Seine est Paris, sur la Seine qui la traverse. Aucune ville du monde ne la surpasse par la réunion de tout ce que les connaissances humaines peuvent offrir. Elle est le siège du gouvernement.

Les chefs-lieux de sous-préfectures sont Saint-Denis, sur la Crould, et Sceaux, gros bourg.

SEINE ET OISE.

Le chef-lieu de préfecture du département de Seine-et-Oise est Versailles, à 4 lieues de Paris, autre-fois la résidence des rois de France.

Les chefs-lieux de sous-préfectures sont Corbeil, au confluent de la Seine et de l'Essonne; Étampes, sur la Loet, (dite aussi rivière d'Étampes) ; Mantes, sur la Seine, et Pontoise, sur l'Oise et la Vionne.

On trouve dans ce département, sur le bord de la Seine, Saint-Cloud, résidence ordinnaire du premier Consul Bonaparte. Ce village a un magnifique château dans la plus riante exposition. Les bosquets, les cascades, et les jets d'eau, font de ce lieu une des plus délicieuses promenades des environs de Paris.

Eure-et-Loir.

Le chef-lieu de préfecture du département d'Eure-et-Loir est Chartres, sur l'Eure, dans une plaine fertile, à 20 lieues de Paris.

Les chefs-lieux de sous-préfectures sont Chateaudun, sur une hauteur, près du Loir; Dreux, sur la Blaise, au pied d'une montagne, et Nogent-le-Rotrou, sur l'Huine.

Loir-et-Cher.

Le chef-lieu de préfecture du département de Loir-et-Cher est Blois, sur la Loire, à 42 lieues de Paris.

Les chefs-lieux de sous-préfectures sont Romorantin, sur le ruisseau de Morantin et Vendôme, sur le Loir.

Loiret.

Le chef-lieu de préfecture du département du Loiret est Orléans, sur la Loire, à 28 lieues de Paris.

Les chefs-lieux de sous-préfectures sont Gien, sur la Loire; Montargis, sur le Loing, et Pithiviers, sur un ruisseau.

SEINE-ET-MARNE.

Le chef-lieu de préfecture du département de Seine-et-Marne est Melun, sur la Seine, à 12 lieues de Paris.

Les chefs-lieux de sous-préfectures sont Coulommiers, sur le Morin; Fontainebleau, au milieu d'une forêt; Meaux, sur la Marne, et Provins sur la Vousie.

YONNE.

Le chef-lieu de préfecture du département de l'Yonne est Auxerre, sur l'Yonne, à 44 lieues de Paris.

Les chefs-lieux de sous-préfectures sont Avallon, sur le Cousin; Joigny, sur l'Yonne; Sens, au confluent de la Vanne, et de l'Yonne, et Tonnerre, sur l'Armançon.

NIÈVRE.

Le chef-lieu de préfecture du département de la Nièvre est Nevers, sur la Loire, à 58 lieues de Paris.

Les chefs-lieux de sous-préfectures sont Château-Chinon, près de l'Yonne; Clamecy, au confluent du Beuvron, avec l'Yonne et Cosne, sur la Loire.

CHER.

Le chef-lieu de préfecture du département du Cher est Bourges, sur l'Auron et l'Yèvre, à 58 lieues de Paris.

Les chefs-lieux de sous-préfectures sont Saint-Amand, sur le Cher, et Sancerre, sur une montagne près de la Loire.

INDRE.

Le chef-lieu de préfecture du département de l'Indre est Châteauroux, sur l'Indre, à 63 lieues de Paris.

Les chefs-lieux de sous-préfectures sont le Blanc, sur la Creuse; la Châtre, sur l'Indre, et Issoudun, sur la Théols.

CREUSE.

Le chef-lieu de préfecture du département de la Creuse est Guéret, sur la Gartempe, à 79 lieues de Paris.

Les chefs-lieux de sous-préfectures sont Aubusson, sur la Creuse; Bourganeuf, sur la Taurion, et Boussac, sur un rocher.

ALLIER.

Le chef-lieu de préfecture du département de l'Allier est Moulins, sur l'Allier, à 69 lieues de Paris.

Les chefs - lieux de sous - préfectures sont Gannat, petite ville ; Mont-Luçon, sur le Cher, et la Palisse, sur la Besbre.

LOIRE.

Le chef-lieu de préfecture du département de la Loire est Montbrison, sur la Vezize, à 103 lieues de Paris.

Les chefs - lieux de sous - préfectures sont Roanne, sur la Loire, et Saint-Étienne, sur le Furand.

PUY-DE-DÔME.

Le chef - lieu de préfecture du département du Puy-de-Dôme est Clermont-Ferrand, sur la Tiretaine, à 93 lieues de Paris.

Les chefs-lieux de sous-préfectures sont Ambert, sur la Dore; Issoire, sur la Crouze, Riom, sur une colline, et Thiers, sur la Durolle.

CORRÈZE.

Le chef-lieu de préfecture du département de la Corrèze est Tulles, au confluent des rivières de Corrèze et de Solan, dans un pays environné de montagnes et de précipices, à 113 lieues de Paris.

Les chefs-lieux de sous-préfectures sont Brives-la-Gaillarde, sur la Corrèze, et Ussel.

CANTAL.

Le chef-lieu de préfecture du département du Cantal est Aurillac, dans un vallon, sur la Jordane, à 127 lieues de Paris.

Les chefs-lieux de sous-préfectures sont Mauriac, près de la Dordogne; Murat, sur l'Alagnon, et Saint-Flour, sur une montagne.

HAUTE-LOIRE.

Le chef-lieu de préfecture du département de la Haute-Loire est le Puy, sur le mont d'Anis, près de la Borne et de la Loire, à 140 lieues de Paris.

Les chefs-lieux de sous-préfectures sont Brioude, sur l'Allier, et Issengeaux.

DÉPARTEMENS MARITIMES.

L'île de Corse dans la Méditerranée comprend les départemens du Golo et du Liamone.

Le chef-lieu de préfecture du département du Golo est Bastia, ville forte, avec un bon port.

Les chefs-lieux de sous-préfectures sont Calvi, et Corté.

Le chef-lieu du département du Liamone est Ajaccio, sur le golfe de même nom, avec un bon port.

Les chefs-lieux de sous-préfectures sont Vico, près du golfe de Stagone, et Sartene.

L'île d'Elbe, dans la Méditerranée, sur la côte de Toscane, a été réunie à la France par un senatus-consulte du 8 Fructidor an 10.

ISLE DE LA RÉUNION, (en Afrique).

Le chef-lieu de l'île de la Réunion (île Bourbon) est Saint-Denis. Cette île, qui est fertile en riz et en cafés, est l'entrepôt des vaisseaux français qui vont à la côte de Coromandel.

ISLE-DE-FRANCE, (en Afrique).

Le Port-Louis est le chef-lieu de l'île de France, qui forme un département avec l'île Rodrigue, située dans la mer des Indes.

GUADELOUPE, (en Amérique).

Le chef-lieu de la Guadeloupe est le bourg de la Basse-Terre. Cette île, très-fertile et bien peuplée, forme un département avec les îles de la Désirade, de Marie-Galande, et des Saints.

GUIANE ET CAYENNE.

On ne connoît que les côtes de la Guiane. L'intérieur du pays est occupé par une infinité de sauvages.

Par le traité de paix du 29 Septembre 1801, entre la France et le Portugal, les limites entre les deux Guianes Française et Portugaise, sont déterminées par la rivière Carapanatuba.

L'île de Cayenne est fort mal-saine; mais elle a quelques bons ports. Cette île, avec la Guiane, forme un département dont le chef-lieu est Cayenne, sur la pointe septentrionale de l'île.

MARTINIQUE.

La Martinique est extrêmement peuplée; l'intérieur du pays est montagneux, et il en sort de tous côtés un grand nombre de rivières, qui ornent et enrichissent considérablement cette île. Les principales places sont le fort Royal, le fort Saint-Pierre, le fort de la Trinité, le fort Marigot, et le fort du Mouillage.

SAINT-DOMINGUE.

Saint-Domingue, la seconde île des Antilles, mais la plus fertile et la plus populeuse, est divisée en cinq département, qui sont ceux du Sud, de l'Ouest, du Nord, de Samana, et de l'Inganne.

La partie espagnole a été cédée aux Français par le traité de Bâle du 22 juillet 1795.

DÉPATEMENT DU SUD.

Le chef-lieu du département du Sud, est Cayes, dans un terrain marécageux.

DÉPARTEMENT DE L'OUEST.

Le chef-lieu du département de l'Ouest est le Port-au-Prince, une des villes les plus considérables de l'île. Elle fut incendiée en 1791.

DÉPARTEMENT DU NORD.

Le chef-lieu du département du Nord est le Cap-Français, la plus belle, la plus riche, et la plus florissante ville de l'île. Les deux tiers de cette ville furent incendiés en 1793; mais elle est presque totalement rebâtie, et les nouvelles maisons lui donnent, par leur architecture élégante, un air d'opulence qu'elle n'avoit pas auparavant. Elle est depuis 1790 la résidence ordinaire des agens du gouvernement.

DÉPARTEMENT DE SAMANA.

Le chef-lieu du département de Samana est Saint-Iago-de-Los-Cavalleros, sur la rivière d'Yaque.

DÉPARTEMENT DE L'INGANNE.

Le chef-lieu du département de l'Inganne est Santo-Domingo, ville grande, bien bâtie et située sur un vaste port.

SAINTE-LUCIE ET TABAGO.

Le sol de Sainte-Lucie est extrêmement fertile. Les Anglais s'en sont emparés en 1794.

Le sol de Tabago est susceptible de produire du sucre et tout ce que l'on cultive dans les Indes occidentales. Les Anglais la prirent en 1793, et l'ont rendue ainsi que les autres dont ils s'étoient emparés, par les préliminaires de paix de 1801. Sainte-Lucie et Tabago forment un département.

INDES - ORIENTALES.

Le département des Indes-Orientales comprend les possessions que les Français ont dans l'Inde. Les principales villes sont Pondichéry, Karikal et Conymer, sur la côte de Koromandel; Mahé, où se fait essentiellement le commerce des poivres, sur la côte de Malabar; Chandernagor, dans le Bengale, à l'embouchure du Gange, au-dessous d'Ougly, et Rajapour, sur la côte de Malabar.

Division hydrographique de la France.

La France se divise en quatre grands fleuves, qui sont la Seine, la Loire, la Garonne et le Rhône.

Et en huit petits, qui sont l'Aa, la Somme, la Vilaine, la Charente, l'Adour, l'Aude, la Meuse et l'Escaut.

La Seine prend sa source dans le département de la Côte-d'Or, entre Chanceaux et Sainte-Seine, à 6 lieues de Dijon. Elle reçoit dans son cours, qui est par eau de 160 lieues, l'Aube, l'Yonne, le Loing, la Marne, l'Oise, l'Ept, l'Eure, la Rille, &c. et se jette dans la Manche au Hâvre.

L'entrée de la Seine est très-périlleuse, à cause des sables mouvans qui s'y trouvent. Sans cela de très-gros vaisseaux pourroient remonter jusqu'à Rouen.

La Loire prend sa source dans le département de l'Ardèche, au mont Gerbier-le-Joux. Elle reçoit dans son cours, qui est de 220 lieues par eau, l'Allier, le Cher, l'Indre, la Vienne, la Mayenne, &c. et se jette dans l'Océan au-dessous de Paimbœuf. Ce fleuve partage la France en deux parties presque égales. Son lit est sablonneux et peu profond.

La Garonne prend sa source au Val-d'Aran, dans les Pyrénées. Elle reçoit dans son cours, qui est de 140 lieues par eau, l'Arriège, le Tarn, la Baise, le Lot et la Dordogne, où prenant alors le nom de Gironde, elle se jette dans l'Océan.

Le Rhône prend sa source près du mont Saint-Gothard en Suisse, traverse le lac de Genêve, reçoit dans son cours qui est de 120 lieues, l'Ain, la Saône, l'Isère, la Durance, le Gardon, &c. et se jette dans la Méditerranée par plusieurs embouchures.

Le Rhin est une grande rivière à qui les Géographes refusent le nom de fleuve, parce qu'il n'aboutit point directement à la mer.

L'Aa prend sa source au-dessous de Renty (département du Pas-de-Calais), passe àSaint-Omer et se jette dans l'Océan à Gravelines (département du Nord).

La Somme prend naissance à Fonsomme, au-dessus de S. Quentin (Aisne), et se décharge dans la Manche au-dessous de Saint-Valery-sur-Somme.

La Vilaine prend sa source près d'Ernée (département de la Mayenne), reçoit l'Oust et se jette dans l'Océan à la Roche-Bernard, dans le département du Morbihan.

La Charente prend sa source à trois lieues de Rochechouart (département de la Haute-Vienne), reçoit la Boutonne et se jette dans l'Océan au-dessous de Rochefort.

L'Adour prend naissance aux montagnes de Bigorre (Hautes-Pyrénées), reçoit le Larros, le Midouze, le Luy, le Gave-de-Pau, la Nive, et se jette dans l'Océan à Bayonne.

L'Aude a sa source dans les monts Pyrénées, et va se jetter dans la Méditerranée.

La Meuse prend sa source auprès du village de Meuse, dans le département de la Haute-Marne, reçoit le Chiers, la Sambre, l'Ourt, la Niers, et se jette dans la mer du Nord, entre la Brille et Gravesende (en Hollande).

L'Escaut prend sa source au village de Beaurevoire, près du Câtelet, dans le département de la Somme, reçoit la Lys, le Rupel, et se jette dans la mer du Nord après s'être divisé en deux branches au-dessous du fort Lillo : une de ces branches, qui se nomme Escaut Oriental, passe auprès de Berg-op-zom ; l'autre, qui se nomme Escaut Occidental, passe à Flessingue et prend le nom de Hont à son embouchure.

SUISSE OU HELVÉTIE.

La Suisse se divise en 18 départemens.

1°. Le chef-lieu du département d'Argovis est Arran, sur l'Aar.

2°. Le chef - lieu du département de Baden est Baden, sur le Limat.

3°. Le chef - lieu du département de Bâle est Bâle, sur le Rhin. Le traité de paix entre la France et le roi de Prusse, a été signé à Bâle le 16 germinal an 3 (5 avril 1795).

4°. Le chef - lieu du département de Bellinzona est Bellinzona, sur le Tésin.

5°. Le chef - lieu du département de Berne est Berne, dans une presqu'île, formée par l'Aar.

6°. Le chef - lieu du département du Léman est Lausanne, à une demi - lieue du lac de Genêve.

7°. Le chef-lieu du département de la Linth est Glaris, sur la Linth.

8°. Le chef-lieu du département de Lucerne est Lucerne, sur le Russ.

9°. Le chef - lieu du département de Lugano est Lugano, sur le lac de même nom.

10. Le chef - lieu du département d'Oberland est Thown, au bord d'un beau lac.

11°. Le chef - lieu du département de

Sane-et-Broye est Fribourg, sur la Sane qui l'entoure des deux côtés.

12°. Le chef-lieu du département de Schaffhouse est Schaffhouse, sur le Rhin.

13°. Le chef-lieu du départemeut de Sentis est Saint-Gall, dans un vallon.

14°. Le chef-lieu du département de Soleure est Soleure, sur l'Aar.

15°. Le chef-lieu du département de Thurgovie est Frawenfeld, près de la Murg.

16°. Le chef-lieu du département de Waldstetten est Schwitz, près du lac des quatre Cantons.

17°. Le chef-lieu du département du Valais est Sion, sur le Rhône.

18°. Le chef-lieu du département de Zurich est Zurich, sur le Limmat. On voit dans la grande place un jet d'eau qui monte à 115 pieds. Le traité de commerce entre la France et la Suisse, à été signé à Paris, le 30 mai 1799.

Les principales rivières de la Suisse sont le Rhin; le Rhône; le Russ; l'Aar, et le Tésin; la terre n'y est guères fertile, à cause du grand nombre de ses montagnes.

Allemagne.

Le climat et le sol de l'Allemagne sont très-variés, à cause de la très-grande étendue de ce pays.

Les principales rivières sont le Danube, le Veser, l'Elbe et l'Oder.

La capitale de l'Allemagne est Vienne, à 280 lieues de Paris, dans l'endroit où la Vienne se jette dans le Danube.

Cette ville, médiocrement grande, mais forte, est la résidence ordinaire de l'empereur d'Allemagne.

Les villes principales de l'Allemagne sont Munich, sur l'Isère; Dresde, sur l'Elbe; Berlin, sur la Sprée, résidence ordinaire du roi de Prusse; Heidelberg, sur le Néker; Hanôvre, sur la Leyne; Hambourg, sur l'Elbe et l'Alster; Ausbourg, entre le Wertach et le Lech; Nuremberg, sur la Pregnitz; Francfort, sur le Mein; Lubeck, proche de la mer Baltique, et Ratisbonne, auprès de laquelle se joignent la Nab, le Regen et le Danube.

BOHÊME.

La capitale de la Bohême est Prague, sur la Moldaw.

La Silésie, qui fait partie de la Bohême, appartient au roi de Prusse. Elle a pour capitale Breslaw, sur l'Oder.

HONGRIE.

La capitale de la Hongrie est Presbourg, sur le Danube, à 320 lieues de Paris.

Les autres villes principales sont Bude ou Offen, sur le Danube, autrefois capitale de toute la Hongrie; Gran, sur le Danube; Grand Waradin, sur la Sebes-Keres; Tokai, au confluent du Bodrog et de la Theisse; Essex, sur la Drave, et Temeswar, sur la Temes.

Les principales rivières de la Hongrie sont le Danube, la Morava, le Wag, le Gran, la Theisse, la Drave et la Save.

PRUSSE.

La capitale de la Prusse est Konisberg, sur la rivière de Prégel, près de la mer, à 231 lieues de Paris.

Les autres villes principales sont Pilau et Memel, sur la Baltique, et Marienbourg, sur le Nagot.

Les principales rivières de la Prusse sont la Vistule, le Niemen et le Prégel.

POLOGNE.

Le roi de Prusse, l'empereur d'Allemagne et le Czar se sont partagé la Pologne.

La partie du roi de Prusse comprend Posna, sur la Warta; Kalisch, sur la

Prosna ; Gnesne, capitale de la grande Pologne ; Siradie, sur la Warta ; Rava, sur la Rava ; Brzescie, sur la Warta ; Inowladislow, sur la Vistule ; Varsovie, sur la Vistule ; Plocsko, sur une éminence près de la Vistule ; Bielsk, sur la Biala ; Dantzick, capitale de la Prusse polonoise, sur les petites rivières de Rodaune et de Motlaw, près du golfe d'Angil ; Culm, et Thorn, sur la Vistule.

La portion de l'Empereur d'Allemagne comprend Cracovie et Sandomir, toutes deux sur la Vistule ; Lublin, sur la Bystizna ; Léopold ou Lemberg, près de la Pierewa, et Belz ou Belzko, dans la Galicie.

La portion du Czar comprend Lucko, sur la Ster ; Kaminieck, sur une roche escarpée, au pied de laquelle passe le Smotrzicz qui tombe dans le Niester ; Bracklau, sur le Bog ; Vilna, à l'embouchure du Wilia dans la Wilna ; Troki, dans des marais inaccessibles, sur le ruisseau de Bresala ; Grodno, en partie sur le Niémen et en partie sur une montagne ; Novogrodeck, Minski, Mscislau, sur la Sosz ; Brezscie, sur le Bug ; Witepsk, sur la Dwina et la Widsba ; Polotsk, sur la

Dwina et la Polotta ; Rosienne , sur la Dubissa ; Medniki , sur la Warwitz ; Dunebourg , sur la Duna ; Mittau , sur la Boldereau , et Goldingen , sur la Weta.

Les principales rivières de la Pologne sont la Vistule , le Bug , le Niémen , la Dwina , le Dnieper , le Niester et le Bog.

EUROPE MÉRIDIONALE.

PORTUGAL.

La capitale du Portugal est Lisbonne , sur le Tage, à 350 lieues de Paris.

Les autres villes principales sont Brague, Porto , Viana , Miranda, Villaréal, Coimbre , Evora , Elvas , Lagos et Faro.

Les Portugais ont des colonies en Asie et en Afrique. Ils ont en Amérique le Bresil , et dans l'Océan Atlantique, l'île Fernando de Noronha.

Le Tage et le Douro traversent le Portugal.

ESPAGNE.

La capitale de l'Espagne est Madrid , à 280 lieues de Paris. Elle est dans un terrain fertile , sur une hauteur, et entourée de hautes montagnes dont le sommet est souvent couvert de neige.

Le traité d'alliance offensive et défensive entre la France et l'Espagne, a été conclu le 2 fructidor an 4, (19 août 1796) à St.-Ildefonse, le S-Cloud de l'Espagne.

Les autres villes principales sont Compostel, Oviédo, Bilbao, Pampelune, Sarragosse, Barcelone, Valence, Murcie, Grenade, Séville, Badajoz, Burgos et Léon. L'Espagne possède dans la Méditerranée les îles d'Ivica, de Majorque et de Minorque.

Les Espagnols ont en Asie, les îles Marianes, les Philippines et les Carolines, dans l'Océan Pacifique.

En Afriqne, ils ont les Canaries, dans l'Océan Atlantique.

En Amérique, ils ont la Floride, la Louisiane occidentale, le Nouveau Mexique, et le Mexique, dans l'Amérique septentrionale.

Les îles de Cuba, de Porto-Rico et de la Marguerite, dans le golfe du Mexique, parmi les Antilles.

La Terre-Ferme, le Pérou, le Chili et le Paraguais, dans l'Amérique méridionale.

Les îles Malouines, dans l'Océan atlantique; et l'île de Jean-Fernandez, dans l'Océan pacifique.

Les principales rivières sont l'Ebre, le Douro, le Tage, la Guadiana et le Guadalquivir.

ITALIE.

L'Italie comprend aujourd'hui onze états particuliers.

1°. Le Piémont (réuni à la France).

2°. Le duché de Parme, dont la capitale est Parme ; sur la rivière de même nom. Cet état est sous la domination française.

3°. La république Ligurienne, dont la capitale est Gênes, en partie sur une colline et en partie dans une plaine, à 189 lieues de Paris. Le chef de la républiquo a le titre de Doge.

4°. Les états Vénitiens, cédés à l'Autriche, dont la capitale est Venise, à 245 l. de Paris. Cette ville est située sur 72 îles qui communiquent entre elles par plus de 500 ponts. On trouve dans cette contrée Arcole, célèbre par la bataille gagnée par Bonaparte le 25 brumaire an 5, (15 novembre 1796).

5°. Le royaume d'Etrurie, créé par Bonaparte, dont la capitale est Florence, sur l'Arno, la plus belle ville de l'Italie après Rome.

6°. La république de Lucques, dont la capitale est Lucques, près du Serchio, au milieu d'une plaine environnée de côteaux agréables.

7°. Les états du pape, dont la capitale est Rome, sur le Tibre, à 300 lieues de Paris. Cette ville est pleine d'anciens monumens.

8°. La république de Saint-Marin, dont la capitale est Saint-Marin, sur une montagne.

9°. Le royaume de Naples et de Sicile, dont la capitale est Naples, avec un port excellent, au fond d'un golfe que forme la Méditerranée.

10°. Le royaume de Sardaigne, resserré dans l'île de ce nom, dont la capitale est Cagliari, avec un bon hâvre.

11°. Enfin la république Italienne, qui se divise en douze départemens.

1°. Le chef-lieu du département d'Agogna est Novarre, sur une colline.

2°. Le chef-lieu du département de Lario est Côme, sur le lac de même nom.

3°. Le chef-lieu du département d'Olona est Milan, sur l'Olona, prise le 26 floréal an 4, 15 mai 1796.

4°. Le chef-lieu du département de Serio est Bergame.

5o. Le chef-lieu du département du Mella est Brescia, sur la Garza.

6o. Le chef-lieu du département du Haut-Pô est Crémone, dans une plaine délicieuse, sur le Pô.

7°. Le chef-lieu du département du Mincio est Mantoue, sur le Mincio, prise par les Français le 14 pluviôse an 5, 2 février 1797.

Virgile naquit à Andos, aujourd'hui Petula, village près de Mantoue.

8°. Le chef-lieu du département du Crostolo est Reggio, à l'extrêmité de l'Apennin, sur le phare de Messine.

9° Le chef-lieu du départemeut du Panaro est Modène, entre le Panaro et la Secchia.

10°. Le chef-lieu du département du Bas-Pô est Ferrare, près du Pô.

11°. Le chef-lieu du département de la Reno est Bologne, sur la Reno, jointe au Pô par un canal.

12°. Le chef-lieu du département du Rubicon est Césène, sur la rivière de Savio.

Les principales rivières d'Italie sont le Pô, l'Adige et le Tibre.

TURQUIE.

La capitale de l'empire Turc est Constantinople, sur le détroit qui joint la mer de Marmara avec la mer Noire. Son port passe pour être le plus beau et le plús sûr de l'univers.

Les principales villes sont Bender, Jassy, Tergovisk, Sophie, Belgrade, Seraïo, Vihitz, Mostar, Raguse, Scutari, Saloniki, Larissa, Livadia et Tripolizza.

Il faut joindre à ces possessions : 1°. les îles de la Mer Adriatique, qui sont Corfou, Sainte-Maure, Céphalonie, Theaki (autrefois Itaque), Zante, Cérigo (autrefois Cythère).

2°. Les îles de l'Archipel, qui sont Candie (autrefois Crete); on y trouve les monts Ida et Dictée et le fleuve Lethé; Negrepont.

3°. Les îles Cyclades, qui sont Andro, Tine, Myconi, Délos, Naxos, Paros, Antiparos, Milo, Siphanto, Thermie et Zia.

4°. Enfin les îles Sporades, qui sont Thaso, Stalimène, Ténédos, Métélin, Scyro, Scio et Samos.

Les principales rivières de la Turquie d'Europe sont le Dniéper, le Niester et le Danube.

ASIE.

L'Asie, la plus grande et la plus peuplée des trois parties de l'ancien continent, est bornée au Nord par la mer Glaciale ; à l'Ouest, par la partie orientale de l'Europe, la mer d'Asof, la mer Noire, le détroit de Constantinople, la mer de Marmara, le détroit des Dardanelles, l'Archipel, la Méditerranée, l'Isthme de Suez qui la joint à l'Afrique, et la mer Rouge qui l'en sépare ; au Sud par l'Océan Indien, et à l'Est par l'Océan pacifique et le détroit du Nord, qui la séparent de l'Amérique.

Les mers de l'Asie sont la mer Glaciale au Nord ; la mer d'Asof, la mer Noire, la mer de Marmara, l'Archipel, la Méditerranée, et la mer Rouge à l'Ouest ; l'Océan Indien au Sud, l'Océan pacifique à l'Est, et la mer Caspienne, entre la grande Tartarie, la Turquie d'Asie, et la Perse.

Les principales montagnes de l'Asie sont le mont Taurus, qui traverse la Turquie d'Asie et la Perse ; le mont Caucase qui s'étend de la mer d'Asof à la mer Caspienne ; les monts de Pierre qui sont dans la partie septentrionale de l'Asie, et les monts de Noss.

Les principales rivières de l'Asie sont l'Oby, le Jeniséa et la Léna, qui prennent leur source dans la Tartarie Russe, et se jettent dans la mer Glaciale; l'Amour, ou Saghalien, qui prend sa source dans la Tartarie Chinoise, et se jette dans le golfe d'Amur; le Hoang-ho qui prend sa source dans la Tartarie Chinoise et se jette dans la mer de la Chine; le Kiango-ho, qui prend sa source dans la Tartarie indépendante et se jette dans la mer de la Chine; le Gange, qui prend sa source dans la Tartarie indépendante et se jette dans le golfe de Bengale; l'Indus, qui prend sa source au Nord-Ouest de l'Inde et se jette dans l'Océan Indien; le Tigre, qui prend sa source dans la Turquie d'Asie et se joint à l'Euphrate; l'Euphrate, qui prend sa source dans la Turquie d'Asie et se jette dans le golfe Persique, au-dessous de Bassora.

Les états de l'Asie sont: 1°. la Turquie d'Asie, dont la capitale est Smyrne, ville très-commerçante, au fond d'une grande baie, sur l'Archipel, à 630 lieues de Paris.

Au sud de Smyrne on trouve les ruines de l'ancienne Ephèse, qui n'est plus qu'un village.

Les îles voisines de la Turquie d'Asie sont Chypre et Rhodes.

2°. La Grande Tartarie, dont la capitale est Tolbolsk, située à la jonction du Tobol avec l'Irtich, à mille lieues de Paris.

3°. La Chine, dont la capitale est Pékin, dans une plaine très-fertile, à 1800 l. de Paris. On y trouve Nankin, ville immense.

Les îles voisines de la Chine sont Formose, sous le Tropique du Cancer, dont la capitale est Taiouan.

Haynan, sur la côte orientale de la Chine, dont la capitale est Keont-Cheou.

4°. L'Inde, au-delà du Gange, dont la capitale est Siam, bâtie dans une grande île formée par la rivière de Menam, à 2000 lieues de Paris.

5°. L'Inde, en-deçà du Gange (ou Indostan), dont la capitale est Delhy, sur le Gemma, à 1600 lieues de Paris.

6°. La Perse, dont la capitale est Ispaham, dans une belle plaine, à 1100 lieues de Paris.

7°. Enfin l'Arabie, dont la capitale est la Mecque, à 1000 lieues de Paris. Cette ville a cent portes.

INDES ORIENTALES (ou Isles de l'Asie).

Les îles du Japon réunies forment un archipel très-considérable, que l'on appelle Empire du Japon. Les trois principales sont celles de Niphon ou Japon, Kiusu ou Bongo, et celle de Sikok. Ces îles sont hérissées de rochers, et la mer qui les environne est orageuse.

Les îles Larrons ou Mariannes, au Sud-Est du Japon, sous la zône torride, sont au nombre de douze ou environ.

Les Philippines sont au nombre de 1100 et sont situées dans la mer de la Chine.

L'île Mandano est couverte de montagnes où l'on trouve beaucoup d'or.

Les Moluques sont au nombre de six.

Les îles de Lantor, Polerong, Rosinging, Pouloway et Gonapi sont connues sous le nom de *Banda* ou *Muscades*.

Célèbes ou Macassar est située sous l'Équateur, entre l'île de Bornéo et les Moluques.

Les îles de la Sonde sont Bornéo, Sumatra, Java, Ceylan, la plus riche et la plus belle du monde ; les Maldives, amas de petites îles à fleur d'eau, et les Kuriles, au nombre de vingt ou environ, dans la mer qui sépare du Japon la pointe méridionale de la péninsule du Kamtschatka.

AFRIQUE.

L'Afrique est bornée au Nord par la Méditerranée qui la sépare de l'Europe ; à l'Ouest et au Sud - Ouest par l'Océan Atlantique qui la sépare de l'Amérique ; au Sud-Est par l'Océan Indien, et à l'Est par la mer Rouge et l'Isthme de Suez.

Les principales rivières de l'Asie sont le Niger, ou rivière de Guinée qui prend sa source dans une chaîne de montagnes et va se perdre dans de grands lacs. Le Sénégal et le Gambie qui sont deux branches du Niger, et le Nil, qui prend sa source sur une montagne en Abissinie, sépare l'Égypte en deux et se perd dans la Méditerranée après un cours prodigieux.

Les montagnes les plus considérables de l'Afrique sont le Mont-Atlas qui sépare le Barbarie du Biledulgerid ; la montagne des Lions qui sépare la Nigritie de la Guinée et qui s'étend jusqu'à l'Ethiopie ; le Pic-de-Ténérife, sur une île de même nom.

L'Afrique comprend, 1°. l'empire de Maroc, dont la capitale est Fez, une des plus fortes villes de l'Afrique ; à 480 l. de Paris.

2°. La république d'Alger, dont la capitale est Alger, (anciennement Césarée de Mauritanie), la plus riche ville d'Afrique, à 400 l de Paris;

3°. La république de Tunis, dont la capitale est Tunis, à 433 l. de Paris;

4°. Le royaume de Tripoli, dont la capitale est Tripoli, à 505 l. de Paris. Elle est sur la côte de la Méditerranée, et située sur un sol sablonneux;

5°. Le Biledulgerid, dont la capitale est Gadume, à 650 l. de Paris;

6°. L'Égypte dont la capitale est le Caire, près du Nil, à 800 l. de Paris (*);

(*) Prise d'Alexandrie et de Rosette, par Bonaparte, le 2 juillet 1798 et jours suivans (11 messidor an 6 et jours suivans).

Le 25 juillet 1798, Bonaparte établit son quartier général au grand Caire.

Le 1er. août 1798, combat naval d'Aboukir; destruction de la flotte française.

Le 4 février 1799, Bonaparte se porte sur la Syrie. Le 8, combat d'El-Arich; bataille du mont Tabor, prise de Gaza et de Jaffa.

20 mai 1799, levée du siége de Saint-Jean-d'Acre, par Bonaparte.

29 juin 1799, capitulation d'Alexandrie.

25 juillet 1799, défaite des turcs devant Aboukir, par Bonaparte.

7o. La Nubie, dont la capitale est Sennar, sur une hauteur, près du Nil, à 965 l. de Paris;

8o. L'Abissinie, dont la capitale est Gondar, sur une montagne, à 1100 l. de Paris,

9o. La côte d'Abex, dont la capitale est Suakem, ville assez grande, sur la mer Rouge, à 1500 l. de Paris;

10o. Sahra, dont la capitale est Tégassa ou Tégaza, à 730 l. de Paris;

11o. La Nigritie, dont la capitale est Houssa, l'entrepôt du commerce des Maures, à 1000 l. de Paris;

12o. La Guinée, dont la capitale est Benin, sur la rivière de même nom, à 1060 l. de Paris;

13o. Loango, dont la capitale est Loango, à 1400 l. de Paris;

14o. Congo, dont la capitale est Saint-Salvador ou Bauza, sur une montagne escarpée, à 1450 l. de Paris.

15o. Angola, dont la capitale est Saint-Paul-de-Loanda, grande ville bien peuplée, avec un bon port, à 1620 l. de Paris.

16o. Benguela, dont la capitale est Benguela ou S. Philippe, à 1680 l. de Paris;

17o. Le royaume de Mataman, qui fait partie de la cafrerie dans la Basse-Ethiopie. (Il n'y a pas de villes ; les habitans vivent sous des tentes).

18°. Le Cap de Bonne-Espérance, dont la capitale est le Cap de Bonne-Espérance, à 2400 l. de Paris. (Les Anglais le prirent le 16 septembre 1795 ;

19°. La terre de Natal, dans la Cafrerie, près des Hottentots.

20°. Monomotapa, dont la capitale est Monomotapa, à 1815 l. de Paris,

21. Sofala, dont la capitale est Sofala ou Saphira; petite ville sur le bord de la mer, à 1850 l. de Paris.

22. Monoemugi, dont la capitale est Chicova, à 1760 l. de Paris ;

Zauguebar, dont la capitale est Mélinde, à l'embouchure de Quilmanci, à 1800 l. de Paris ;

24. Ajan, dont la capitale est Brava, assez bon port, à 1600 l. de Paris.

Les principales îles de l'Afrique sont dans l'Océan Indien, Socotora ou Socotra, à l'Est du cap de Guardefan, près du détroit de Babel-Mandel, pays très-peuplé et très-abondant.

Babel-Mandel, île peu importante, située à l'entrée du détroit de même nom.

Sechelles, îles situées entre l'île de

France et l'entrée de la mer Rouge. La principale de ces îles qui appartiennent à la France est Sechelle ou Mahé.

Rodrigue, à la France, à l'Est de l'île de France.

L'île de France, (à la France,) à 3024 l. de Paris. Les montagnes y sont très-élevées et couvertes toute l'année d'arbres verts. Les Français en ont fait une colonie très-florissante.

La Réunion, forme le meilleur établissement des Français du côté de l'Inde.

Madagascar, la plus grande île que l'on connoisse.

Comore. Sous ce nom sont comprises cinq petites îles, Anjouan, Mayotte, Mohille, Angasei et Comore, entre Madagascar et l'Afrique.

DANS L'OCÉAN ATLANTIQUE.

Sainte-Hélène, à l'Ouest du continent de l'Afrique. Elle appartient aux Anglais.

Ascension, inhabitée.

Saint-Mathieu, inhabitée.

Annebon, Saint-Thomas, l'île du Prince et Fernand-Pô sont situées dans le golfe de Guinée. Elles appartiennent au Portugal.

Gorée, à une portée du Cap-Verd. Elle appartient à la France.

Isles du Cap-Verd. Les principales sont San-Jago, Brava, Fuogo, Mayo, Bonavista, Sal, Saint-Nicolas, Santa-Crux et Saint-Antoine. Elles appartiennent au Portugal.

Les îles Canaries sont au nombre de treize, qui sont celles de Palme, Fer, Gomère, Téneriffe, la grande Canarie, Forteventura et Lancerote, Gratiosa, Rocca, Allegrança, Sainte-Claire, Infierno et Lobos. Elles appartiennent à l'Espagne.

Maderes. Les trois îles de ce nom sont situées entre le détroit de Gibraltar et les Canaries. Elles appartiennent au Portugal.

Açores. Les neuf îles de ce nom sont Sainte-Marie, Saint-Michel, Saint-Michael, Tercère, Saint-Georges, Fayal, le Pic, Flores et Corvo.

AMÉRIQUE.

L'Amérique est bornée de tous les côtés par l'Océan. Elle est divisée en Septentrionale et en Méridionale par le golfe du Mexique, et par le détroit de Panama.

Il règne du Nord au Sud, dans toute la longueur de l'Amérique, une chaîne de montagnes dont la principale est celle des Andes, ou Cordilières, dans la partie Méridionale, le long de la mer.

On distingue quatre rivières principales, savoir : le fleuve Saint-Laurent, et le Mississipi dans l'Amérique Septentrionale, la rivière des Amazones, et celle de la Plata, dans l'Amérique Méridionale.

On tire de l'Amérique le sucre, le tabac, le cacao, l'indigo, la cochenille, des perles, des pierreries, et plusieurs drogues de médecines ; mais ce qui fait ses principales richesses, ce sont les mines d'or et d'argent que renferme le Pérou.

L'Amérique Septentrionale comprend 1o. la nouvelle Bretagne à 1550 lieues de Paris; dans les environs de la Baie d'Hudson. Il n'y a point de capitale. (aux Anglais)

2°. Le Canada, dont la capitale est Québec, au confluent des fleuves Saint-Laurent, et de la rivière Saint-Charles, à 1277 lieues de Paris. (Aux Anglais.)

3o. La nouvelle Ecosse dont la capitale est Halifax, sur la Baie de Cheboucto, à 1160 lieues de Paris. (Aux Anglais.)

4°. La nouvelle Brunwick, dont la capitale est Shelbarne, à 1160 lieues de Paris. (Aux Anglais.)

5o. Les Etats-Unis qui se divisent en seize états fédérés, dont la capitale est Philadelphie, la plus belle ville de toute l'Amérique, et une des plus régulières de l'Europe, à 1100 lieues de Paris. Cet état porte le nom de Répuplique Américaine ; les habitans s'appellent Anglo-Américains.

6°. La Floride Orientale, dont la capitale est Saint-Augustin, à 1500 lieues de Paris. (Aux Espagnols.)

7° La Floride Occidentale, dont la capitale est Pensacola, dans la Baie de même nom, à 1500 l. de Paris. (Aux Espagnols.)

8° La Louisiane, dont la capitale est la Nouvelle - Orléans, sur le Mississipi, à 1990 lieues de Paris. (Aux Espagnols.)

9°. Le nouveau Mexique, dont la capitale est Santa-Fé, à 2200 lieues de Paris. (Aux Espagnols.)

10. Califormie, dont la capitale est Saint-Jean, à 2200 lieues de Paris. (Aux Espagnols.)

11°. Le Mexique, ou la Nouvelle-Espagne, dont la capitale est Mexico, le centre du commerce de cette partie du monde, à 2400 lieues de Paris, (Aux Espagnols.)

La Floride, la Louisiane, le Nouveau-Mexique, Califormie et la Nouvelle-Espagne, forment ce qu'on appelle l'Amérique Espagnole.

AMÉRIQUE MÉRIDIONALE.

L'Amérique Méridionale comprend, 1°. le royaume de Terre-Ferme, dont la capitale est Panama, sur les bords de la mer Pacifique, à 1800 lieues de Paris. (Aux Espagnols.)

2°. Le Pérou, dont la capitale est Lima, arrosée par la Rimac, à 2100 lieues de Paris, (Aux Espagnols.)

3°. Le Paraguay ou la Plata, dont la capitale est Buenot-Aires, sur la Plata, à 2500 lieues de Paris. (Aux Espagnols.)

4°. Le Chili, dont la capitale est San-Jago, à 3100 lieues de Paris. (Aux Espagnols.

5° Le Bresil, dont la capitale est Saint-Salvador, sur la Baie de tous les Saints. (Aux Portugais.)

6°. L'Amazonie, pays très-étendu, qui contient plus de 150 nations différentes de sauvages, et se trouve arrosé par la rivière des Amazones, la plus grande de l'Univers.

7°. La Guiane, dont les capitales sont Surinam et Cayenne, à 1600 lieues de Paris. (Aux Français.)

8°. Les terres Magellaniques, habitées par les Patagons. Ces peuples vivent de chasse et de poissons.

Isles de l'Amérique a la France.

S.-Domingue, capitale Port-au-Prince.

La Martinique, capitale Saint-Pierre.

La Guadeloupe, capitale Basse-Terre.

Saint-Lucie, Tabago, la Desirade, la Marie-Galande.

A l'Angleterre.

Terre-Neuve, capitale Plaisance.

Cap-Breton, capitale Louisbourg.

Saint-Jean, capitale Charlotte-Town.

Iles Bermudes, capitale Saint-George.

Iles Bahama, capitale Nassau.

Jamaïque, capitale Kingston.

Aiguille.

Barboude, capitale Bridgetown.

Saint-Christophe, capitale Basse-Terre.

Nieve, capitale Charles-Town.

Mont-Ferrat, capitale Plymouth.

Antigoa, capitale Saint-Jean.

Dominique. Barbade.

Saint-Vincent, capitale Kingston.

Grenade, capitale Saint-George.
Trinité, capitale Saint-Joseph.

AUX ESPAGNOLS.

Portorico, capitale Portorico.
Marguerite.

AU DANEMARCK.

Saint-Thomas et Sainte-Croix. Cette dernière a pour capitale Basseend.

A LA SUÈDE.

Saint-Barthelemy.

A LA HOLLANDE.

Curaçao et Saint-Eustache. Cette dernière a pour capitale la Baie.

FIN.

A PARIS. De l'Imprimerie de MILLET, rue de la Tixéranderie, n°. 17.

FAUTES A CORRIGER.

Page 4, ligne 12, Bornhoml, *lisez* Bornholm.
Page 15, ligne 19, préfecture, *lisez* sous-préfecture.
Page 39, ligne 26, le 6, *lisez* le 9.
Page 41, ligne 18, Lierre, *lisez* Lievre.
Page 43, ligne 4, Poutaudemer, *lisez* Pontaudemer.
Page 50, ligne 6, mal aine, *lisez* mal-saine.
Page 56, ligne 4, Argovis, *lisez* Argovie.
Page 56, ligne 4, Arran, *lisez* Arrau.
Page 61, ligne 12, Prague, *lisez* Brague.
Page 65, ligne 10, Andos, *lisez* Andès.
Page 73, ligne 4, capital, *lisez* capitale.
Page 74, ligne 16, Zauguebar, *lisez* Zanguebar.
Page 77, ligne 12, médecines, *lisez* médecine.
Page 77, ligne 26, Brunwick, *lisez* Brunswick.
Page 78, ligne 6, Répuplique, *lisez* République.
Page 78, ligne 21, Califormie, *lisez* Californie.
Page 79, ligne 2, Califormie, *lisez* Californie.
Page 79, ligne 15, Buenot-Aire, *lisez* Buenos-Aire.

www.ingramcontent.com/pod-product-compliance
Ingram Content Group UK Ltd.
Pitfield, Milton Keynes, MK11 3LW, UK
UKHW031051260726
13965UKWH00006B/1338

9 782013 034593